Mundo Quino

Mundo QUINO

Lumen

Papel certificado por el Forest Stewardship Council®

MIXTO
Papel | Apoyando la
silvicultura responsable
FSC® C117695

Penguin
Random House
Grupo Editorial

Primera edición con este formato: julio de 2024

© 2024, Sucesores de Joaquín S. Lavado (Quino)
© 2024, Penguin Random House Grupo Editorial, S. A. U.
Travessera de Gràcia, 47-49. 08021 Barcelona

Printed in Spain – Impreso en España

ISBN: 978-84-264-3115-8
Depósito legal: B-9158-2024

Compuesto en M. I. Maquetación, S. L.
Impreso en Índice, S. L., Barcelona

H 4 3 1 1 5 8

¡HOLA! ESTE LIBRO FUE MI PRIMER LIBRO.
CUARENTA Y TANTOS AÑOS DESPUÉS DE SU APARICIÓN EN 1963 VUELVO A ENCONTRAR EN ESTOS DIBUJOS AL VIEJO QUINO JUVENIL, DUEÑO DE UNA LÍNEA SIMPLE Y FRESCA QUE HOY ENVIDIO. TAMBIÉN ME DESCUBRO AUTOR DE ALGUNA IDEA DETESTABLE, COMO LA DE UN CUPIDO CANÍBAL, DIGNA DEL RACISMO DE LA SUSANITA QUE NACERÍA DOS AÑOS DESPUÉS EN LA TIRA DE MAFALDA.

ME INTRIGA, ADEMÁS, ESA INEXPLICABLE TERCERA MANO QUE DIBUJÉ ENTRE LOS TROZOS DE LA ESTATUA DE FRANKLIN FULMINADA POR UN RAYO. NO HE QUERIDO CORREGIR ESAS NEGLIGENCIAS, QUE JUZGO GRAVES, PORQUE ME PARECE HONESTO ASUMIR QUE LAS COMETÍ. DEBO, EN FIN, ACLARAR QUE LA PÉRDIDA O EL DETERIORO DE ALGUNOS ORIGINALES IMPIDE LA MEJOR REPRODUCCIÓN DE MÁS DE UN DIBUJO. PERDÓN.

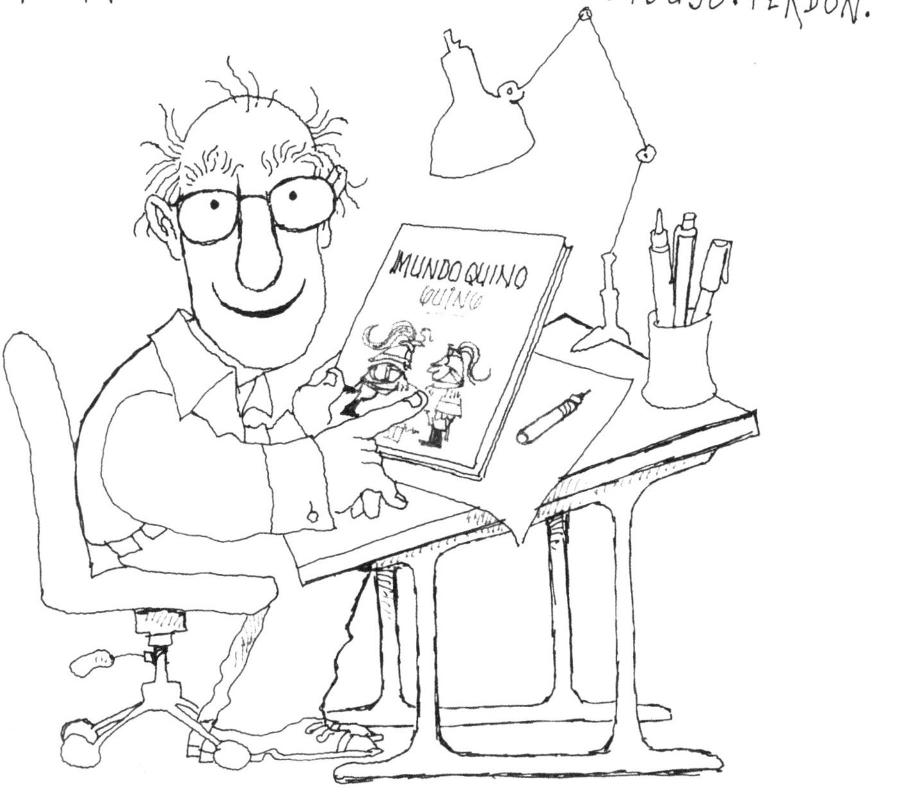
MUNDO QUINO
QUINO

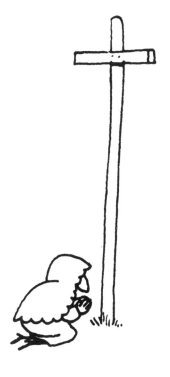

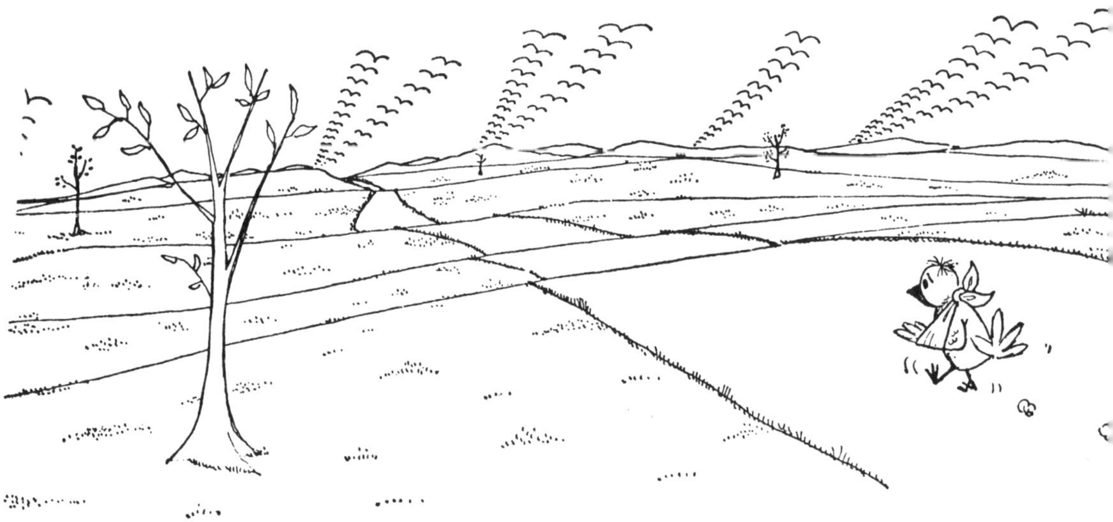

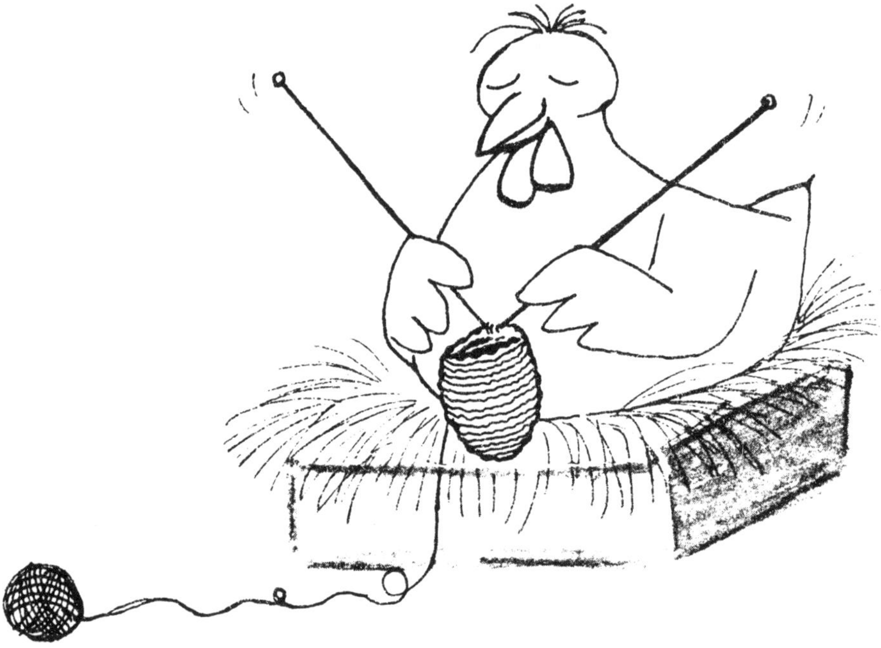

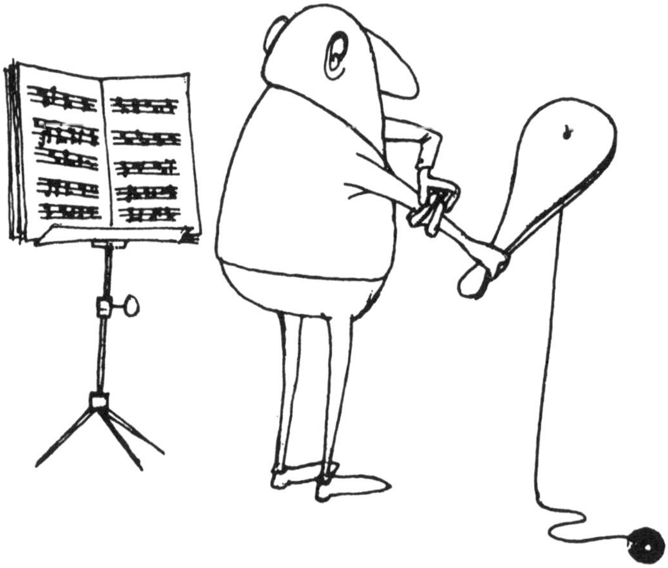

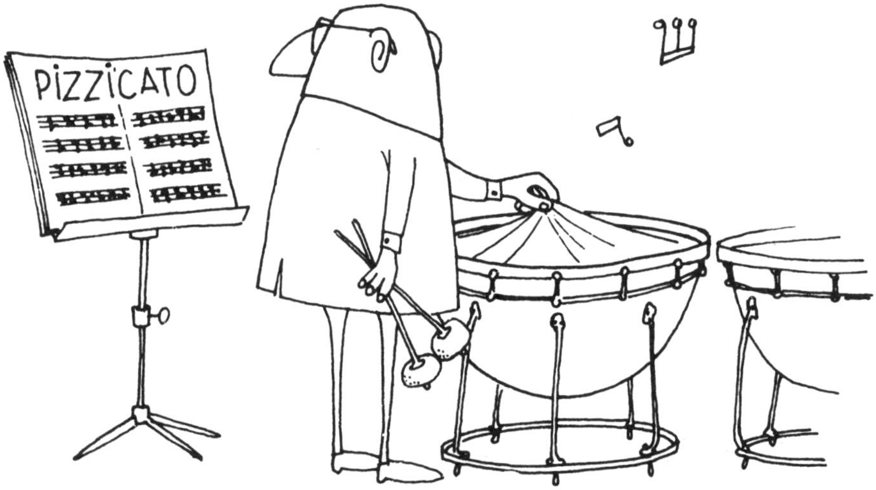
PIZZICATO

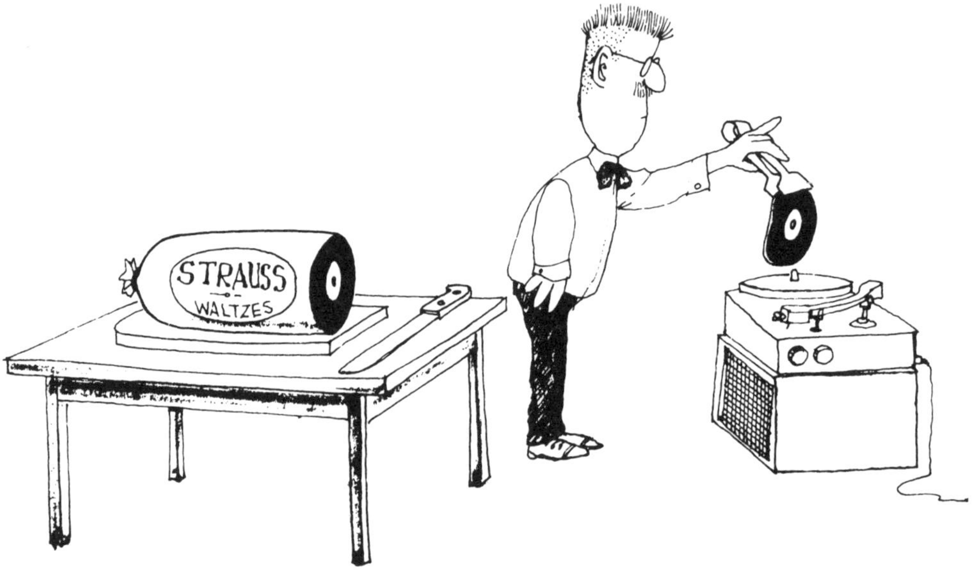
STRAUSS
WALTZES

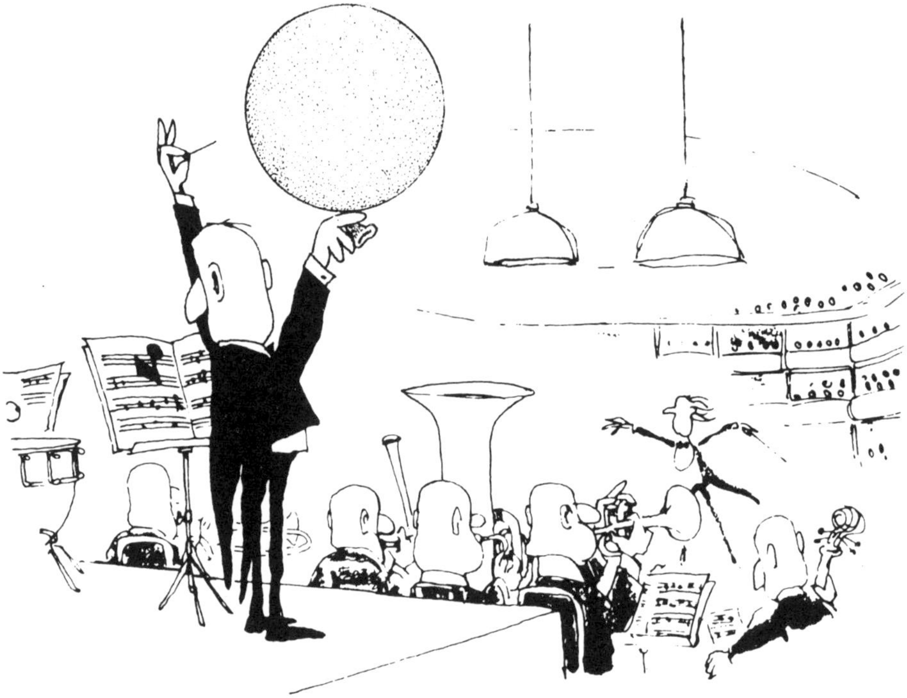

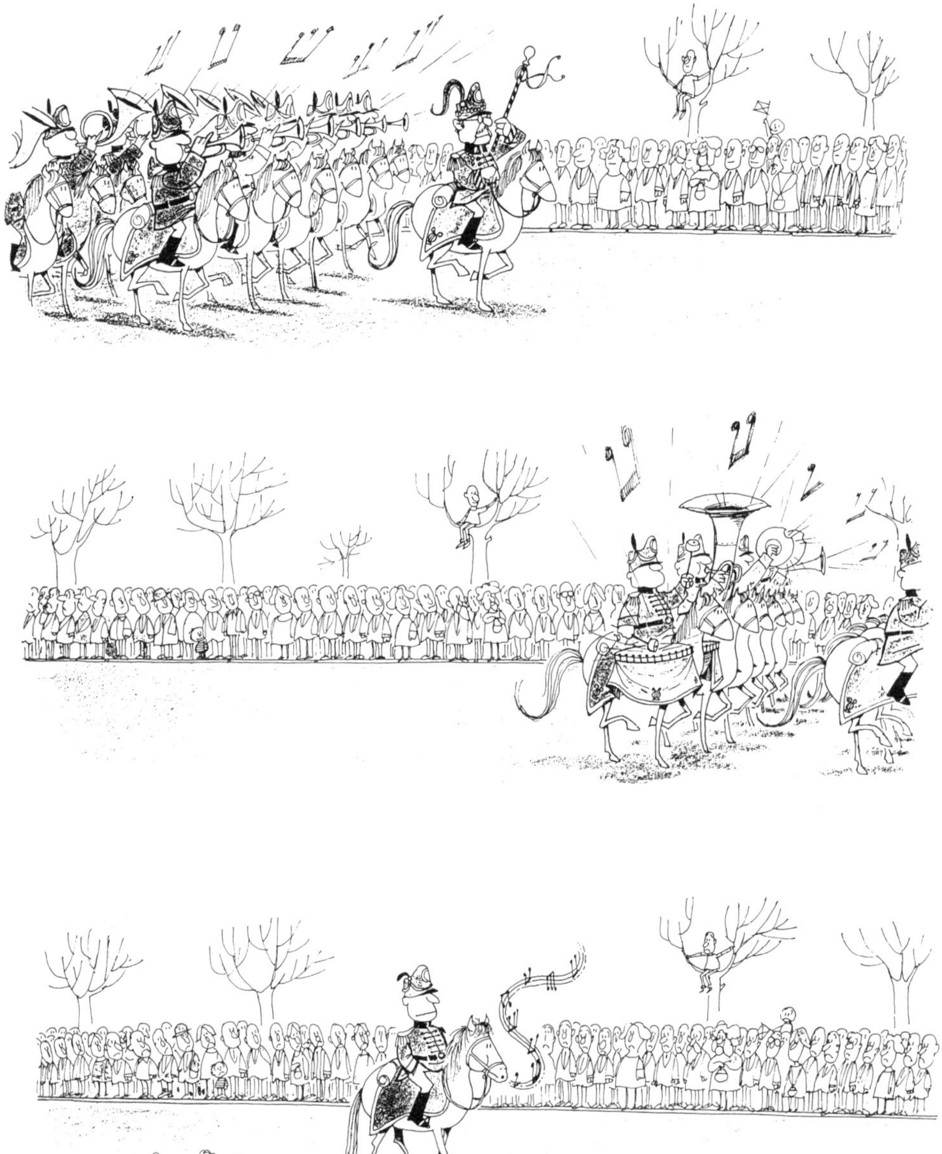
QUINO

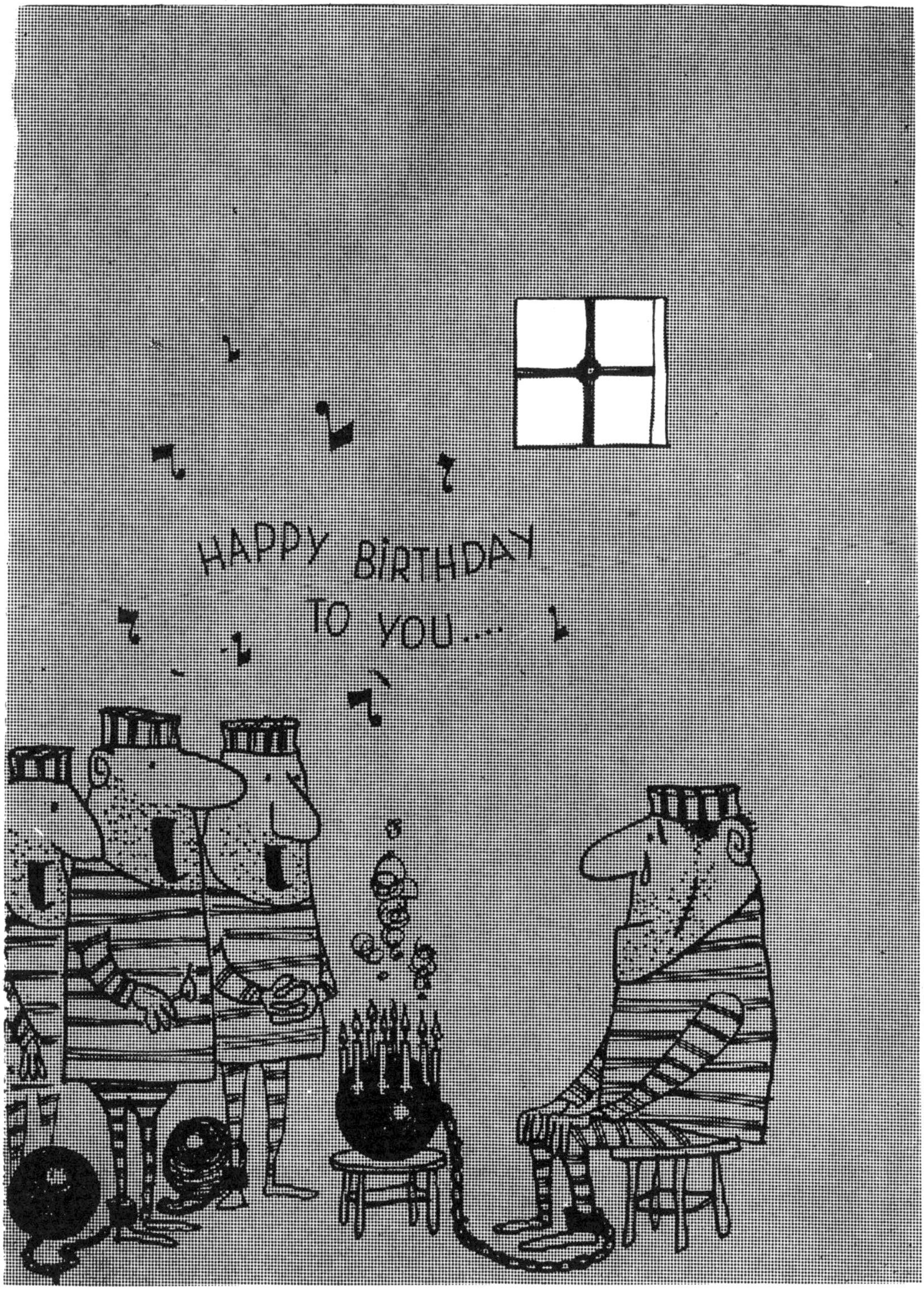
HAPPY BIRTHDAY
TO YOU....

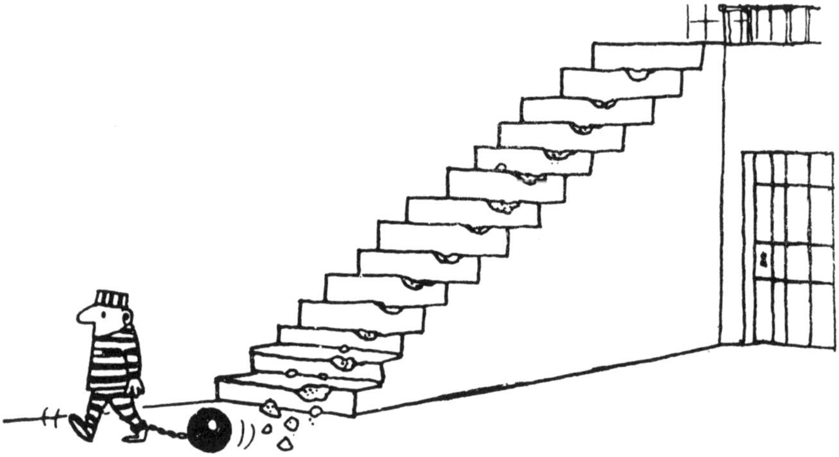

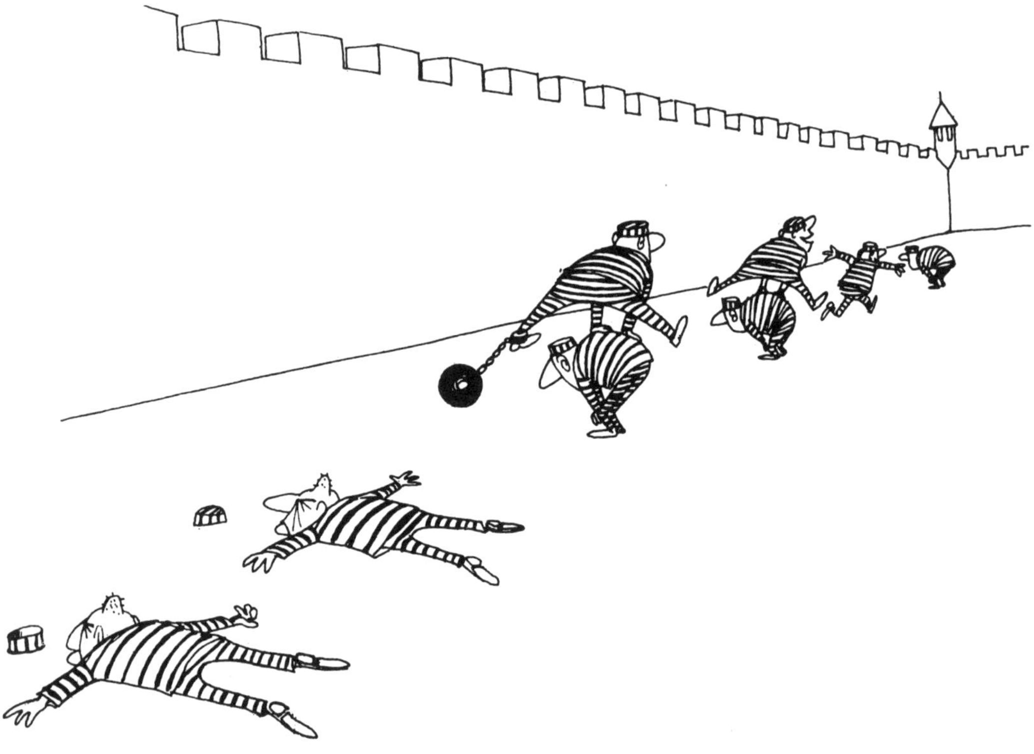

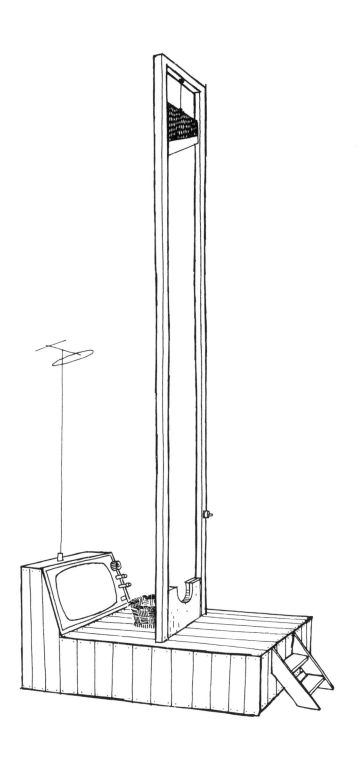

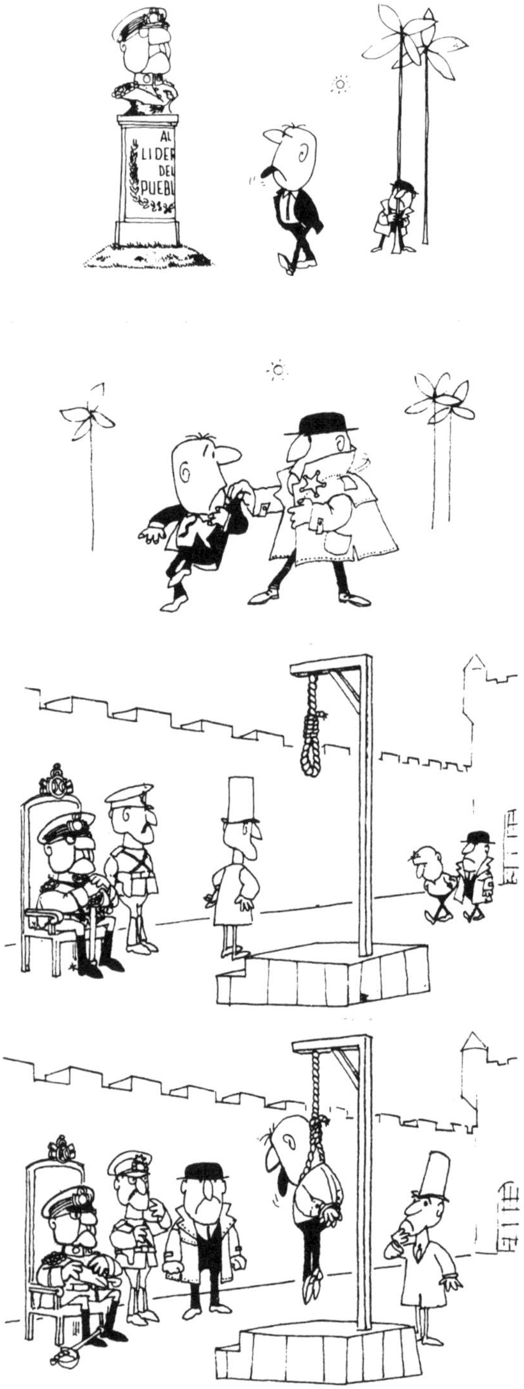
AL
LIDER
DEL
PUEBL

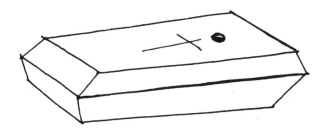

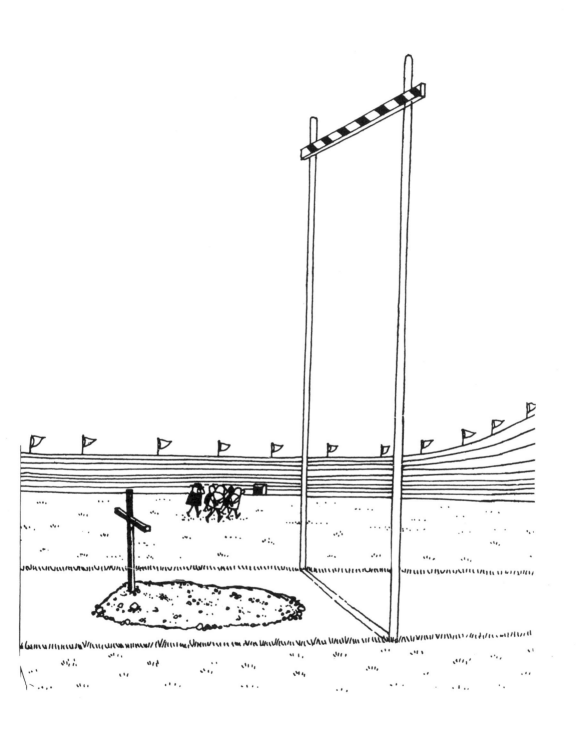

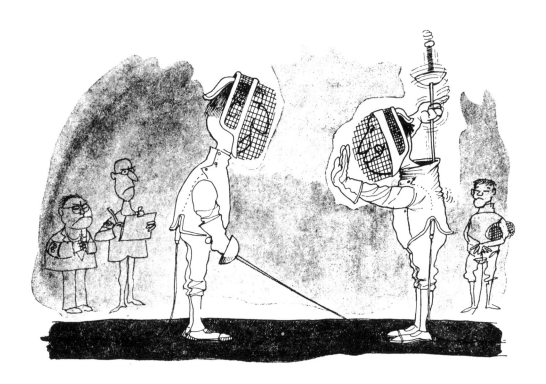

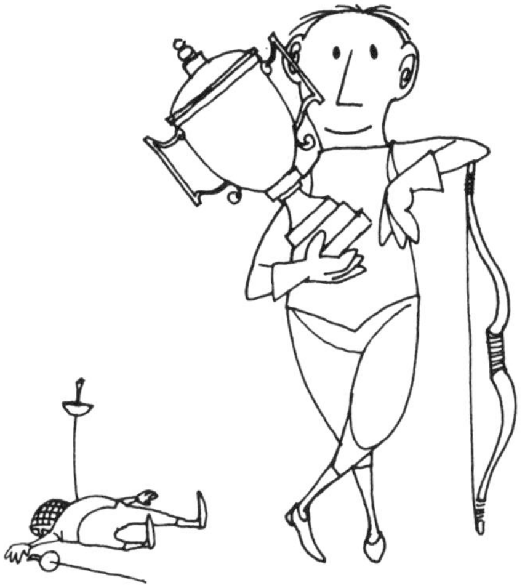

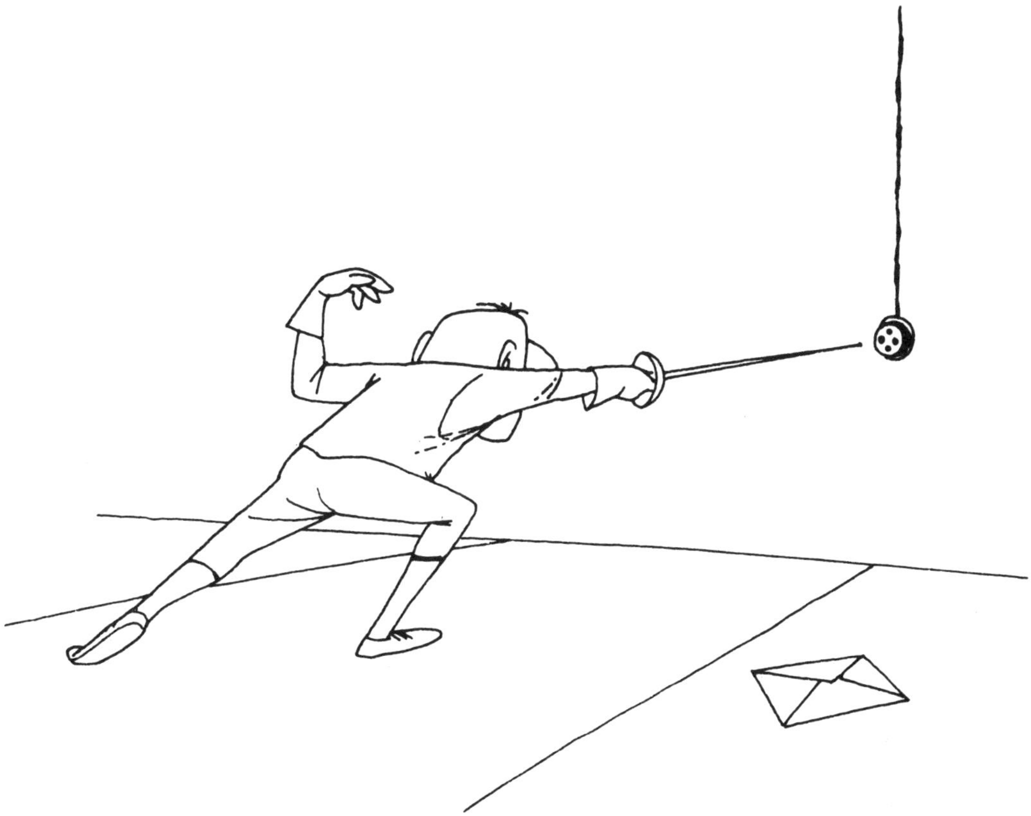

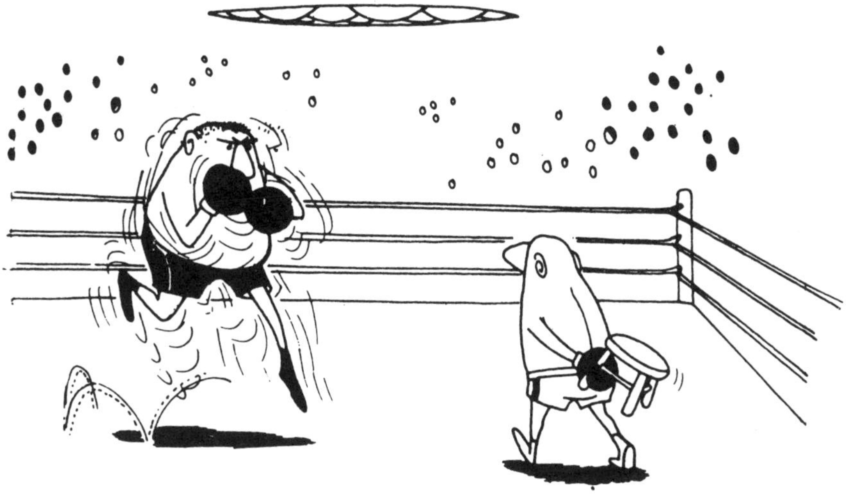

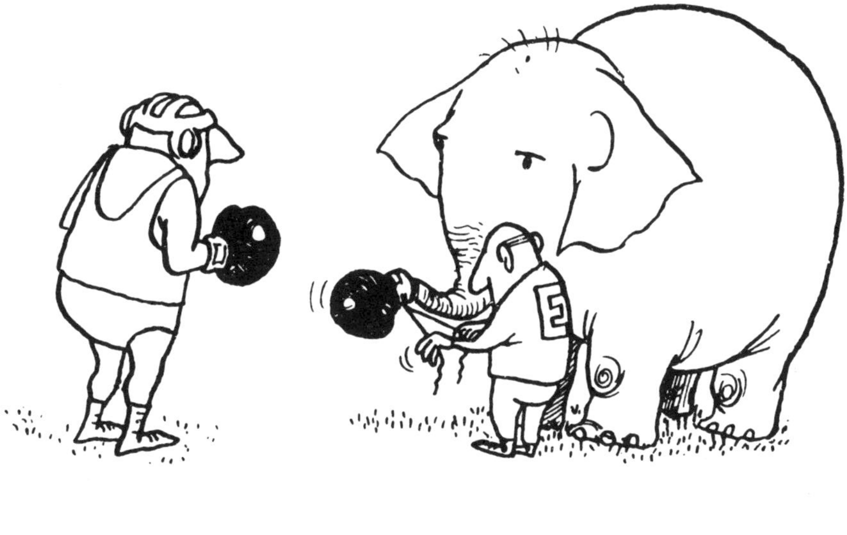
E

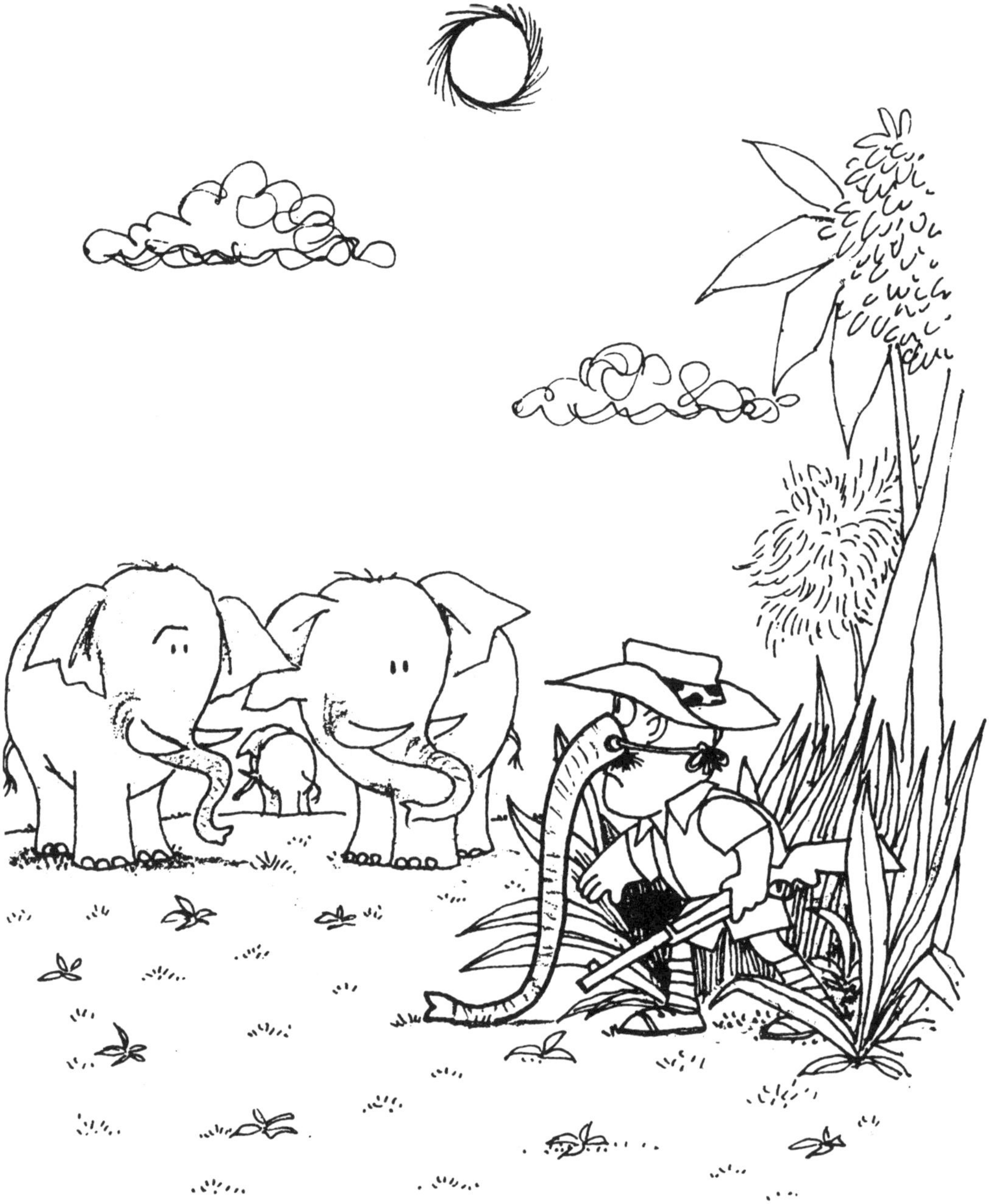

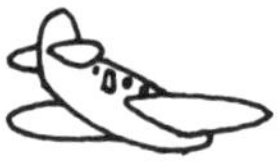

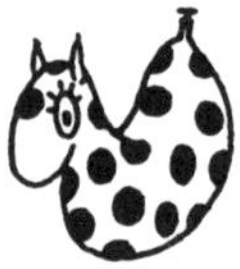

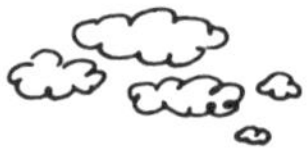

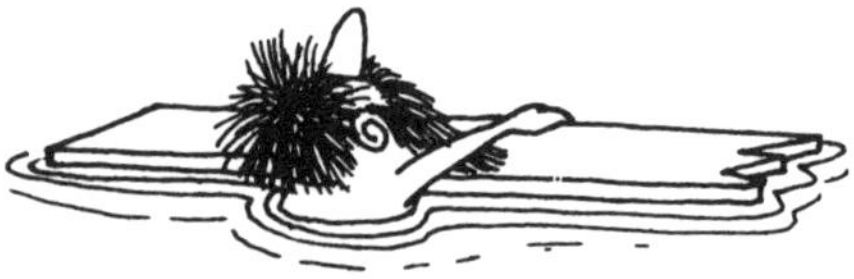

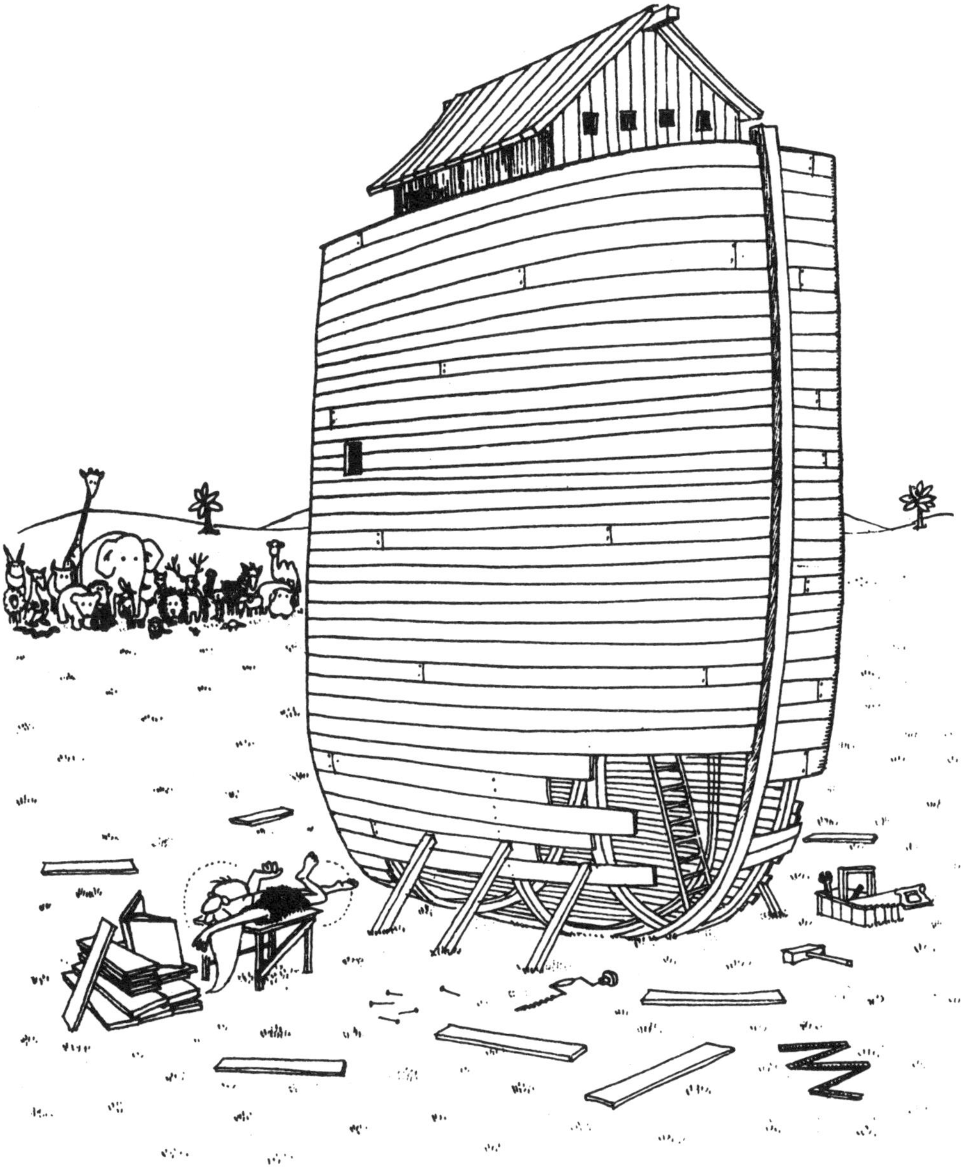

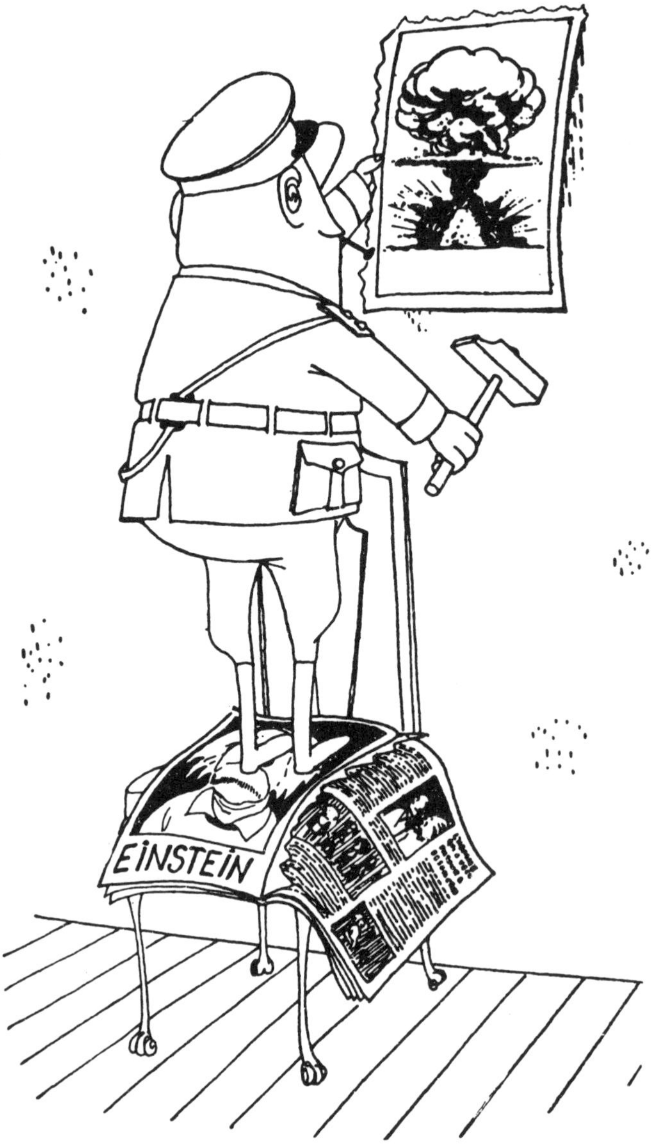
EINSTEIN

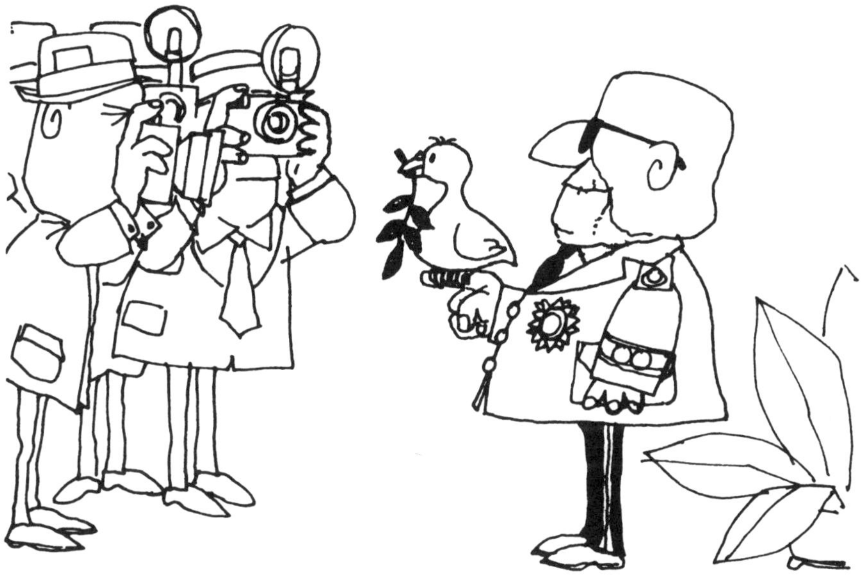

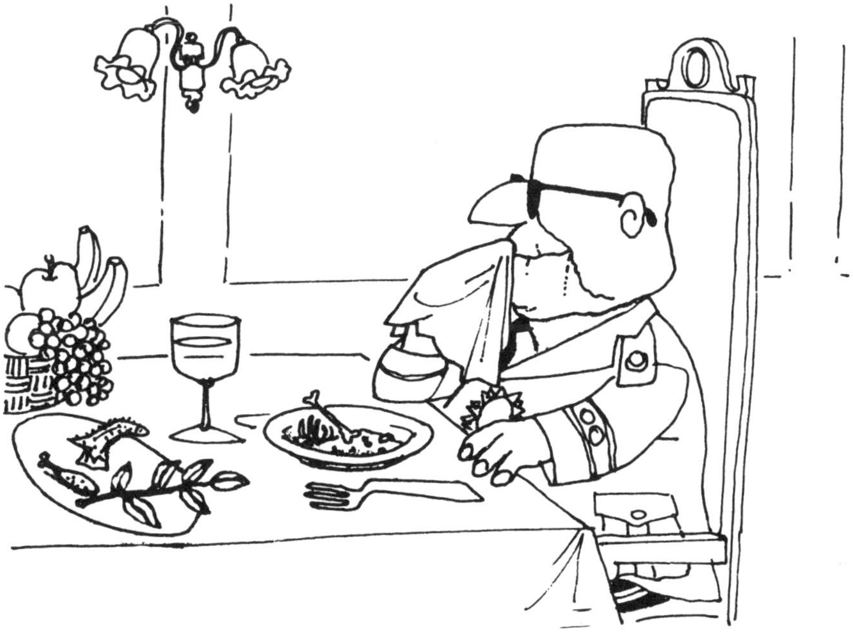

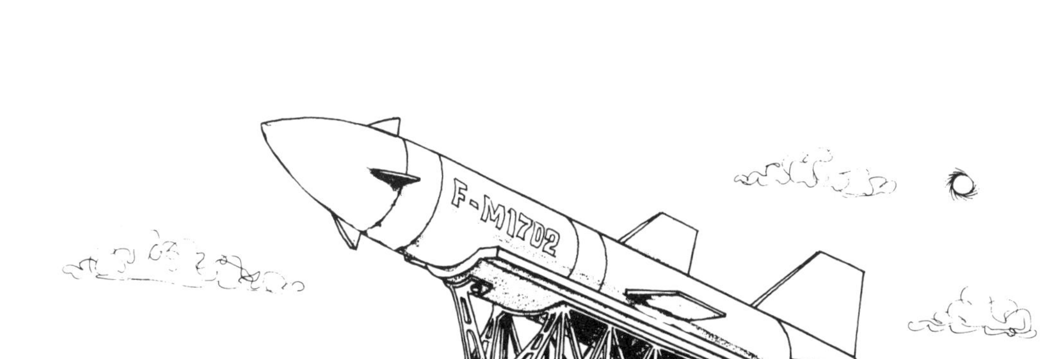
F-M1702

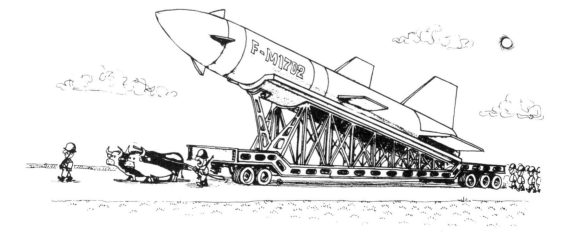

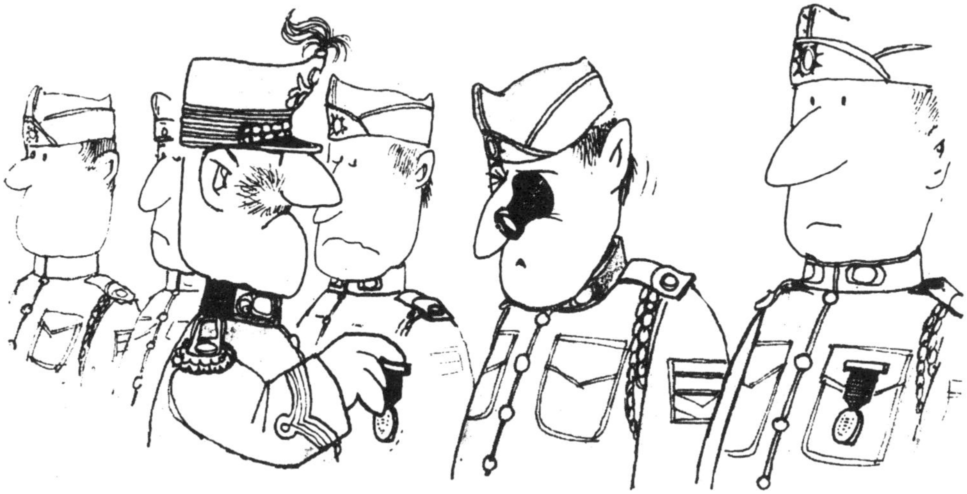

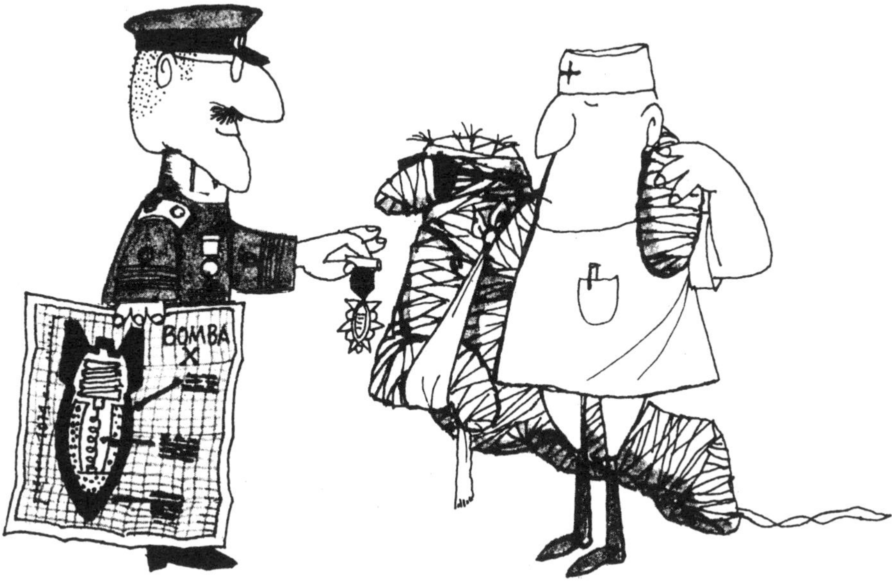
BOMBA
X

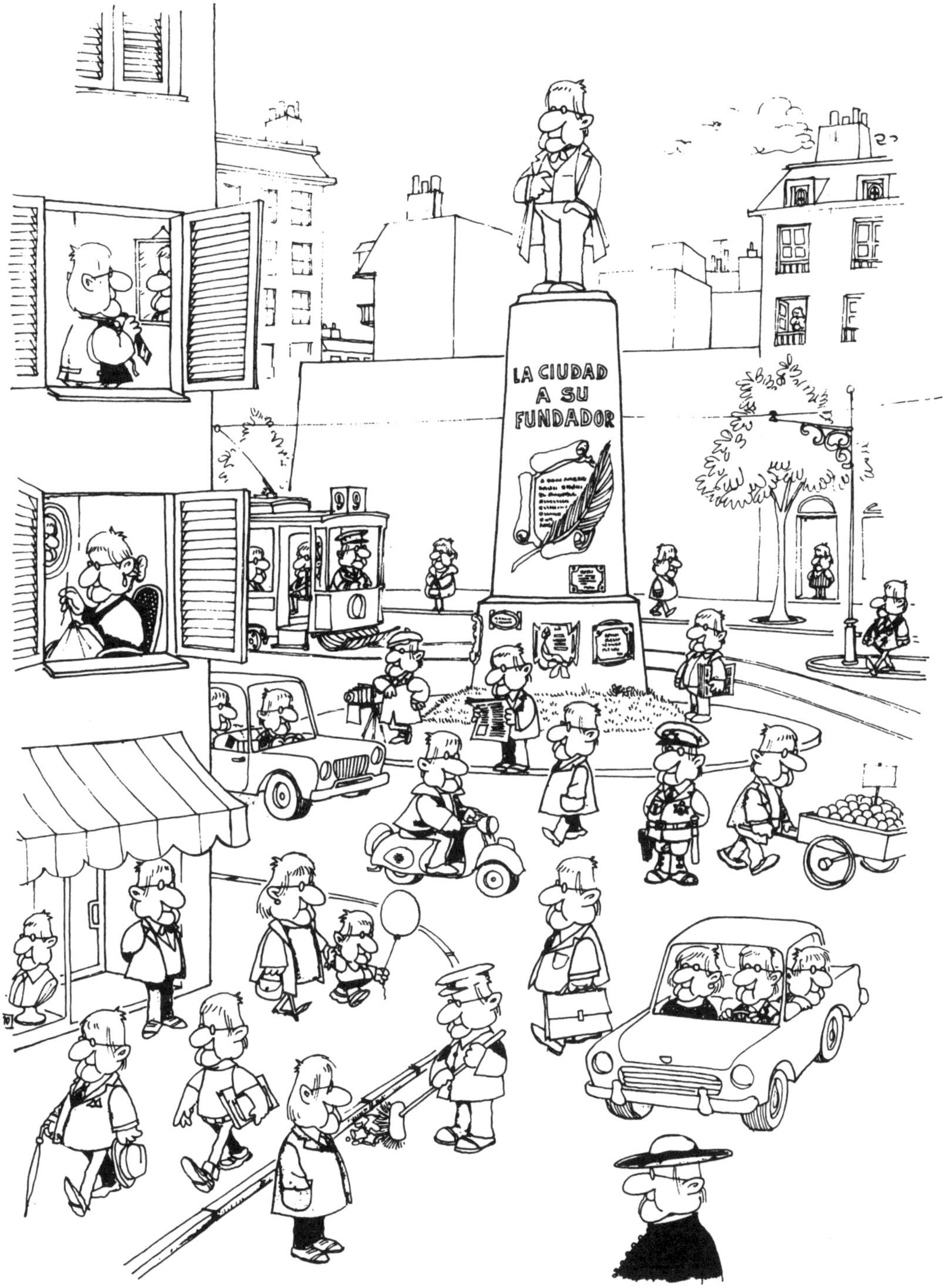
LA CIUDAD
A SU
FUNDADOR

INCOLN
10

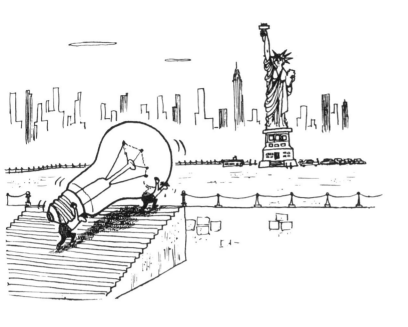

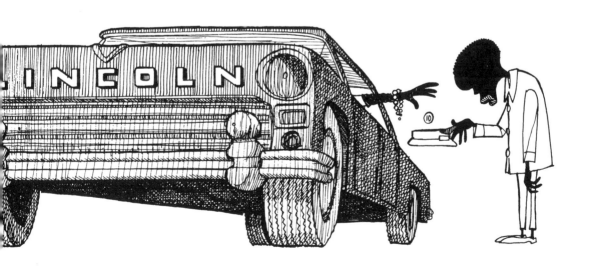

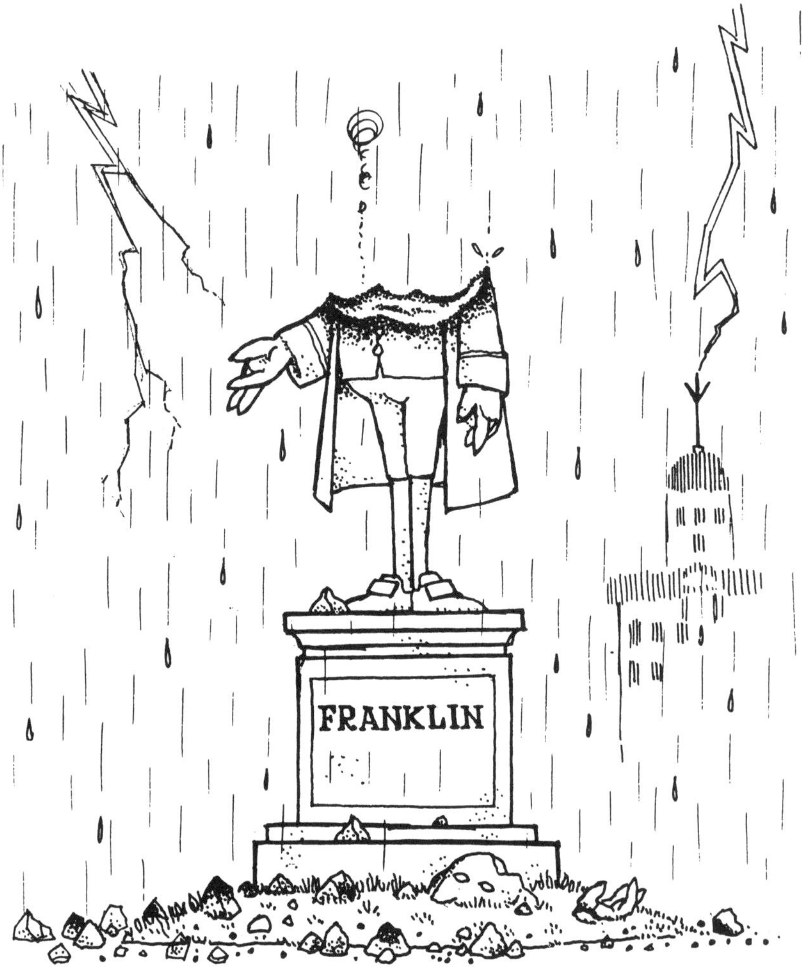
FRANKLIN

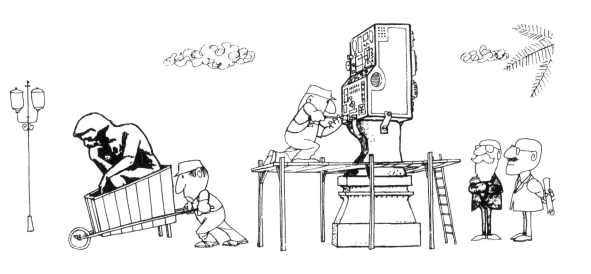

CUIDADO

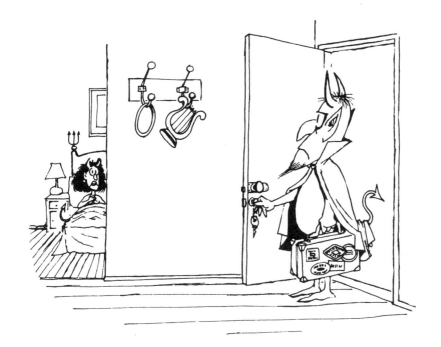

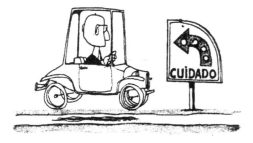

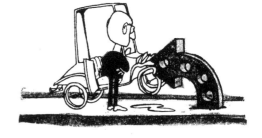

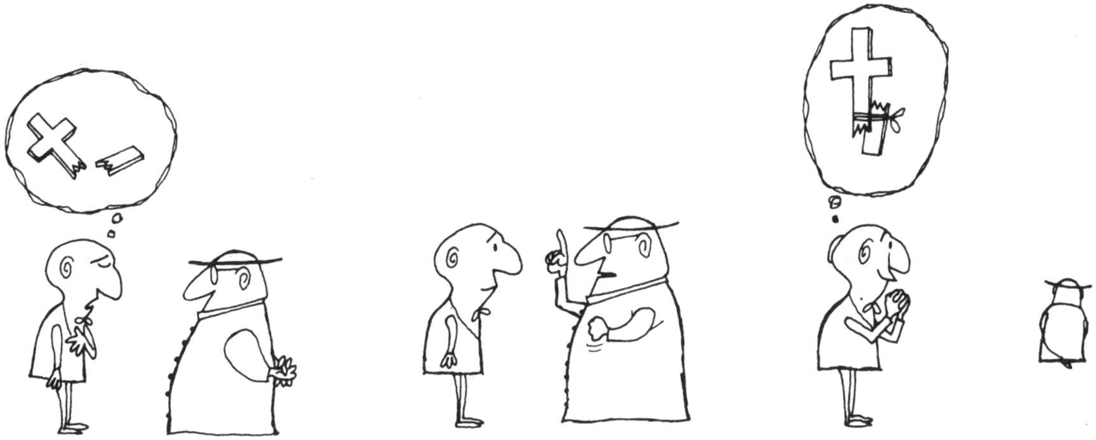

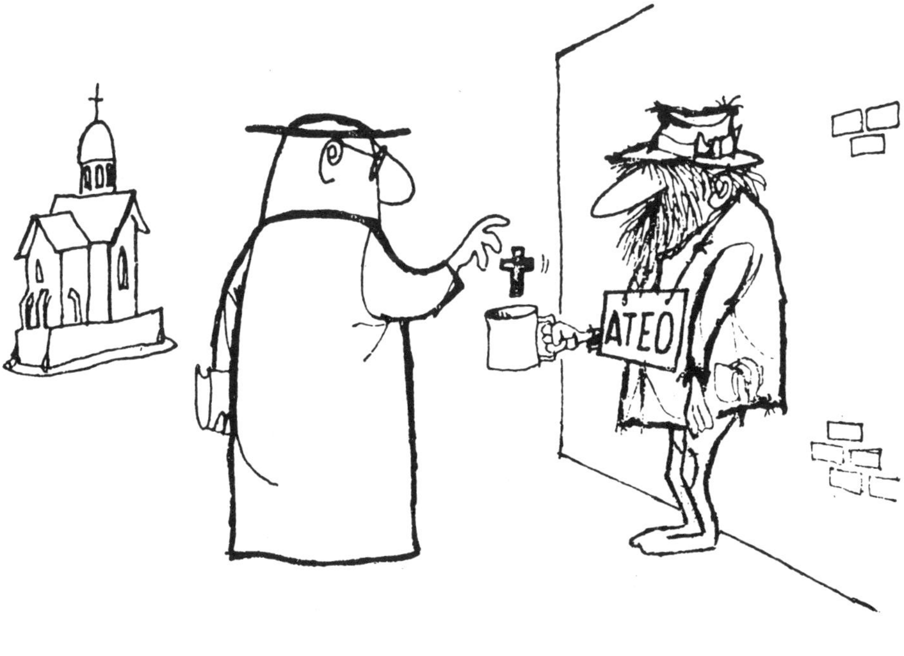
ATEO

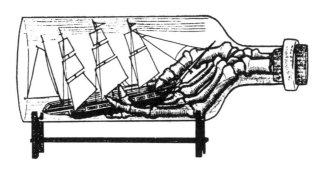

Joaquín Lavado, **Quino**, nació el 17 de julio de 1932 en Mendoza, Argentina, en el seno de una familia de emigrantes andaluces. Descubrió su vocación como dibujante a los tres años. En 1954 publica su primera página de chistes en el semanario bonaerense *Esto es*. En 1964, su personaje Mafalda comienza a aparecer con regularidad en el semanario *Primera Plana*. El éxito de sus historietas le brinda la oportunidad de publicar en el diario nacional *El Mundo* y será el detonante del boom editorial que se extenderá por todos los países de lengua castellana. Tras la desaparición de *El Mundo* y un año de ausencia, Mafalda regresa a la prensa gracias al semanario *Siete Días* en 1968, y en 1970 llega a España de la mano de Esther Tusquets y de la editorial Lumen. En 1973 Mafalda y sus amigos se despiden para siempre de sus lectores. Se han instalado esculturas del personaje en Buenos Aires, Oviedo y Mendoza. Lumen ha publicado los once tomos recopilatorios de viñetas de Mafalda, numerados de 0 a 10, y también en un único volumen —*Mafalda. Todas las tiras* (2011)—, así como las viñetas que permanecían inéditas y que integran junto al resto el libro *Todo Mafalda*, publicado con ocasión del cincuenta aniversario del personaje, y las recopilaciones *Mafalda. Femenino singular* (2018), *Mafalda. En esta familia no hay jefes* (2019), *El amor según Mafalda* (2020), *La filosofía de Mafalda* (2021), *Mafalda presidenta* (2022) y *Mafalda para niñas y niños* (2023). También han aparecido en Lumen los libros de viñetas humorísticas del dibujante, entre los que destacan *Mundo Quino* (2008), *Quinoterapia* (2008), *Simplemente Quino* (2016), el volumen recopilatorio *Esto no es todo* (2008) y *Quino inédito* (2023).

Quino ha logrado tener una gran repercusión en todo el mundo, sus libros han sido traducidos a más de veinte lenguas y dialectos (los más recientes son el armenio, el búlgaro, el hebreo, el polaco y el guaraní), y ha sido galardonado con premios tan prestigiosos como el Príncipe de Asturias de Comunicación y Humanidades y el B'nai B'rith de Derechos Humanos. Quino murió en Mendoza el 30 de septiembre de 2020.